REVERIES

REVERIES

Nouvelles et Poésies Intimes

Olivier LANGEVIN

Droits d'auteur – 2014 Laurent DAVIET

Tous droits de traduction, d'adaptation et de reproduction, totale ou partielle, pour quelque usage, par quelque moyen que ce soit, réservés pour tous pays.

Conception et réalisation : Laurent. DAVIET

© 2014 Laurent DAVIET/Détenteur des droits

Photographies : **Laurent DAVIET**

Textes : **Olivier LANGEVIN**

Edition : BoD - Books on Demand

12/14 rond-point des Champs Elysées

75008 Paris

Imprimé par BoD – Books on Demand, Norderstedt

ISBN : 978-2-3220-3570-0

Dépôt légal : Mars 2014

Cœur d'artichaut

L'amour rend soit heureux soit malade. Dès que je l'ai revu, mon cœur à palpité, mes mains sont devenu moite, j'ai eu chaud comme une poussée de fièvre. Est-ce une maladie ? Si oui alors je suis atteint, très atteint, inguérissable. Il n'existe pas de bi ou trithérapie pour me guérir. Malgré mes bonnes résolutions je suis encore tombé dans son piège. Mon cerveau avait beau me lancer des alertes de danger, mon cœur à explosé dès que je l'ai revu. Son sourire radieux, ses yeux malicieux, ses paroles suaves, il m'a encore envouté. Il me rend sot, décérébré. J'ai fondu comme un adolescent à son premier amour. J'y ai cru de nouveau, j'ai voulu y croire. Il sait y faire. Je ne pouvais plus penser à rien d'autre qu'à LUI. J'ai essayé de l'ignorer, mais il était là, près de moi. Les jeux de séduction ont recommencé. J'ai de nouveau espéré. Il me surveille, m'épie. Il me sourit, les yeux plein de promesses muettes. Je me méfie. Mais mon cœur explose, je me rapproche de lui espérant qu'il assume enfin ses sentiments pour moi. Il s'éloigne me laissant pantois. Je rage de nouveau. De loin il m'observe et quand nos yeux se rencontrent, il me sourit puis détourne de nouveau le regard. Je désespère. Un prétendant s'approche de moi et commence sa parade. Mon tendre bourreau fonce sur nous, d'un geste tendre et affectueux il prend possession de ma taille, affirmant par là sa propriété sur mon cœur. Ses paroles tendres/amers averti l'intrus du danger imminent. Ses yeux assassins foudroient sur place l'impétueux dragueur malgré un sourire avenant. Je suis aux anges enfin ! L'infortuné ex-futur ami parti, mon ange-démon m'abandonne sur place à mon désespoir de plus bel. Je rage ! Je fulmine ! J'ai des sanglots qui me montent à la gorge et que je ravale difficilement pour ne pas me couvrir de honte. Encore je le maudis, je me maudis. Je me jure de ne plus tomber dans son piège. Mais il est toujours là comme une araignée guettant sa proie prise dans sa toile d'amour. Je vais danser pour me frotter aux autres, pour le rendre jaloux. Il est toujours là faisant le vide autour de moi avec beaucoup de tact et d'intelligence. J'en profite pour tenter une approche. Il me sourit et s'éloigne, se pend au bras d'un autre garçon de son âge en me regardant. J'ai mal, j'ai si mal en cet instant que j'ai des envies de meurtres. Je rentre dans mon cocon comme un animal blessé. Là je laisse couler mes pleurs. Je suis à ramasser à la petite cuillère. Je suis cassé. Je sais que je dois arrêter. Mon cerveau me commande de ne plus le voir, de l'ignorer, de tourner la page, mais mon cœur se refuse à suivre ma tête. Fou que je suis. Je suis comme un drogué. Je suis addict à lui, à son sourire, à ses yeux charmeur, à ses promesses silencieuses, à ses mensonges gestuels, à son odeur excitante. Comme un toxico je suis accro à sa présence et dès qu'il n'est plus près de moi je suis en manque. Je deviens maso. Je suis malade de lui. Je veux guérir. Je veux suivre une détox de son amour tordu. Je veux devenir amnésique, être atteint d'Alzheimer, l'oublier. Je veux me réveiller demain matin sans souvenir de lui. Je veux être trépané afin de vivre libre, subir l'amputation de mon cœur malade d'amour pour ce garçon qui me rend si malheureux.

Je sais que je suis atteint, très atteint, malade incurable, inguérissable. Mon cœur d'artichaut ne m'appartient plus. Je sais que si je le revois je retomberai dans ses griffes, dans ses serres de vautour d'amour malgré mes nouvelles résolutions. Je vais devenir fou. A enfermer. Mais… je l'aime.

SOURIRE

Un sourire apparaît tout doucement sur mes lèvres, un peu amer.
J'aimerais que mon cœur cesse de se déchirer à chaque fois que je vois son sourire.
Et pourtant... Il ne fait que ça, sourire.
Il discute, rit, sourit, parce que c'est lui, parce que ce sourire fait partie de lui, ancré au plus profond.
C'est aussi pour cela que je l'aime.
Il n'est que bonheur, il n'est que douceur, il est mon soleil.
Quand il sourit, il nous englobe d'une chaleur réconfortante.
Ses manières ne sont pas précipitées, il prend son temps pour tout faire avec une gentillesse appliquée.
Il est simple et doux, innocent. Mais le pain quotidien des innocents n'est il pas la souffrance?
Il n'est plus dans mon champ de vision, mais je le vois encore, il sourit toujours.
Je sais bien que jamais il ne me verra autrement qu'un sourire timide, qu'un rire idiot, autrement qu'un ami gentil et plus âgé.
Alors que pour moi, il est ce sourire qui est toute ma vie, qui m'a ressuscité, ce zeste de joie qui

illumine une existence de lenteur, ma vieillesse, comme si l'air autour de moi était gélatineux, ralentissant mes mouvements, une vie exsangue de joie, un mort-vivant jusqu'à ce jour béni où je l'ai rencontré.
Il est ce qui me fait bouger, ce qui me fait sourire aussi facilement que je pleure.
Oui! Je pleure quand je suis seul en pensant à lui.
Je pleure de ma faiblesse, de ma lâcheté, de ma vie ratée, je pleure d'être né trop tôt pour lui.
Je sais que ce bonheur je n'y ai pas le droit... Plus le droit!
Je suis séropositif et lui séronégatif.
Je suis chargé de famille et lui libre.
Je suis insignifiant et invisible et lui beau et remarquable.
Je suis stupide et lui si intelligent.
Je suis au crépuscule de ma vie et lui à son aurore.
28 longues années nous séparent... Un abîme de désespoir.
Malheureusement, les sourires si éclatants n'ont pas le temps d'attendre les autres....

RÊVERIE.

Aujourd'hui, il pleut. Le ciel d'ordinaire si bleu et brillant a revêtu son manteau grisâtre pour déverser des cascades d'eau sur la terre. Je lève la tête pour observer l'amoncellement sombre au-dessus des immeubles et lâche un soupir. Je déteste les jours pluvieux; je déteste cette humidité qui envahit l'air ambiant; le bruit des gouttes d'eau tombant et ricochant sur le sol ou les voiture; je déteste cette eau sale qui s'infiltre partout jusque sous mes vêtements. J'ai l'impression d'avoir froid, de grelotter alors que le temps est doux en cette période de l'année. Oui, il fait doux mais la pluie est froide voire glaciale. Je déteste ces averses, car quand je regarde le rideau lent s'écouler du ciel j'ai l'impression de voir quelqu'un pleurer. Cela me rappelle les larmes qu'enfant j'ai versées, les sanglots de souffrance ou de tristesse. Oui, définitivement je n'apprécie pas ce temps tristounet et accablant. Instinctivement, même si le geste est futile vu l'état de mes habits déjà trempés, je resserre les pans de ma veste sur moi et j'avance un peu plus vite.

J'aimerais être l'abri, au chaud avec une tasse de chocolat ou de café fumant.

Je désire du soleil, une éclaircie dans ce ciel trop sombre, quelque chose qui transperce ce rideau noir et m'éclaire, me réchauffe totalement. J'en ai tellement besoin en ce moment, où mon corps a froid, où mes pensées sont si tristes. Cela devient vital alors que les jours d'intempéries s'allongent de plus en plus. Un soupir frustré et angoissé passe mes fines lèvres. Je sens la pluie cascader le long de mes cheveux, sur ma peau tiède laissant des trace glaciale sur mon front, mes joues, mes lèvres. J'ai froid, de plus en plus, mais j'ignore si la pluie en est la seule responsable. Je secoue légèrement la tête créant des milliers de petites perles translucides qui s'éparpillent autour de moi et se mélangent à celles tombant du ciel. Maudit temps!

Finalement j'arrive dans ce parc où j'ai rendez-vous.

Pourquoi ici qu'ailleurs? Pourquoi par ce temps n'ai-je pas annulé? Et qu'as-tu de si important à me dire pour me traîner dehors alors que tu aurais pu m'envoyer un texto ou un courriel? Bien sur, plus tôt au téléphone j'aurais pu décliner ta demande, te dire que vu le temps je ne préférais pas m'aventurer dehors... Mais tu as ce pouvoir sur moi, et je tiens tellement à toi que je n'arrive jamais à te refuser quelque chose. Il y avait une trace de besoin dans ta voix qui m'a poussé à me demander ce qui se passait. Tout allait-il bien pour toi ? Bref, malgré mon moral un peu sombre et cette pluie incessante, j'ai accepté de venir, de te rejoindre ici où d'après toi tout a commencé...

J'avance lentement, mes yeux parcourant rapidement cet endroit que je connais tellement bien. C'est vrai que dés qu'il y a un rayon de soleil, c'est ici que je viens me poser, loin de chez moi. C'est un endroit que j'apprécie pour la liberté qu'il offre, pour l'impression d'air que j'ai et la fausse proximité de la nature. En été, j'y viens souvent lire ou dessiner. J'aime ce lieu finalement, mais je l'apprécie nettement moins les jours où le ciel déverse sa tristesse sur nous comme aujourd'hui. En y pensant bien, c'est vrai que cet endroit est plein de souvenirs et que c'est en ce lieu que tout a plus ou moins commencé entre nous. Du moins, c'est dans ses allées vertes que l'été dernier je t'ai aperçu pour la première fois. C'est également près d'un des magnifique parterres de fleurs de ce lieu que tu es venu m'aborder fin des vacances d'été. Quand je prends la peine d'y penser, ce parc représente beaucoup pour nous deux, pour notre amitié et pour mes sentiments envers toi.

J'avance d'un pas rapide, tout en te cherchant du regard. Je ne devrais avoir aucun mal à te localiser, le jardin publique étant totalement désert vu le temps pluvieux. Pourquoi dans ce parc? Pourquoi aujourd'hui? Sincèrement j'aurais aimé pouvoir dire non, parce que vois-tu je ne pense pas pouvoir te sourire quand je te verrais. Je ne suis pas dans un si bon jour que cela comme tu commentes parfois en riant quand je tire un peu trop la tête. Et ce temps pourri n'arrange rien à mon moral. T'ai-je déjà dit que je détestais la pluie? T'ai-je un jour seulement expliqué ce que cela évoquait en moi? Je ne pense pas, du moins je n'en ai aucun souvenir... Pourtant en presque un an on peut dire que l'on est devenu des amis proches, de mon point de vue plus intime que nécessaire. Tu m'as toujours attiré et impressionné et ce depuis la première fois où par accident mes yeux se sont posés sur toi... Le lien qui nous unit n'a fait que grandir, et tu as développé un certain pouvoir sur moi. Et pour cela vois-tu parfois je t'en veux! Parce qu'il faut être toi pour me faire sortir par ce temps-ci, moi qui tient du chat et évite l'eau céleste. D'ailleurs tu as un ascendant sur moi terrible, qui amuse mes autres amis et mes proches... parce que de toi j'accepte les moqueries et remarques piquantes, parce que tu arrives, même dans mes pires jours, à me rendre le sourire. Parfois je me demande si je possède un infime don semblable sur toi... Mais est-ce important?

Finalement c'est face à ce parterre de fleur où il y a plusieurs mois on s'est parlé pour la première fois que je te découvre. Je m'arrête pendant quelques minutes et j'observe ton profil parfait. Tu es à découvert sous la pluie, laissant l'eau couler le long de ta figure, ton regard reste posé fixement sur le parterre stérile en cette saison. C'est étrange de te voir là, je ne te pensais pas sentimental à ce point-là. Un léger sourire se dessine sur mes lèvres glacées... Quand je dis que tu as un pouvoir bénéfique sur moi, je ne mens pas vois-tu. Mais ce qui me rassure, c'est que je ne pense pas que tu saches cela... Du moins, dans ma petite tête, c'est comme cela que je le conçois, nous n'en avons jamais parlé franchement. J'avance vers toi à pas rapide. Sincèrement, même si je t'aime et te passe tout, je souhaite que tu aies une raison valable pour m'avoir attiré ici, en ce lieu vide, humide et froid.

Tu remarques rapidement une présence et un regard lourd sur toi. Tu as toujours été très sensible à ce genre de chose d'après mes observations. Tu te tournes vers moi, sourcils froncés, et quand tu constates qu'il ne s'agit que de ma petite personne, tu m'offres un sourire. C'est étrange, j'ai l'impression que ton regard brille un peu plus en rencontrant le mien. Mais ne serait-ce pas uniquement ce que je désire voir en toi ou la réalité? Il y a des jours où j'ai envie de croire que tu es comme moi, même si je nous sais différents. J'arrive à ta hauteur et te rends ton sourire du mieux que je peux. Tu me fixes droit dans les yeux, avant de détourner un peu la tête et de regarder à nouveau la terre humide. Je retiens un soupire et lance un regard dans la direction opposée où un coureur fait son jogging. Il est courageux, moi à sa place j'aurais abdiqué bien avant d'avoir mis le nez dehors. Je suis distraitement du regard son déplacement modéré.

« C'est ici qu'on s'est abordé pour la première fois... » Déclares-tu, ramenant mon attention et mon regard surpris sur toi. J'écarquille les yeux de surprise. Ne me dis pas que ...?

« Merci, je m'en rappelle! » Je lâche un peu trop ironiquement.

À peine les mots ont-ils franchis mes lèvres que je regrette le ton employé. Pourtant c'est un regard tout aussi ironique et moqueur qui me revient, comme toujours. Je détourne les yeux vers le paysage et je laisse le silence s'insinuer. C'est toi qui a voulu qu'on se voit ici, alors j'attends patiemment que tu me dévoiles tes pensées... Mais rien ne vient, juste un silence inconfortable uniquement brisé par le bruit cristallin de l'eau et le murmure du vent. De nouveau, je croise les bras pour me protéger du froid et de l'humidité qui commencent à me faire grelotter un peu. Mais je n'ose pas parler. De toute manière, j'ignore quoi te dire et je n'ose pas poser la question de pourquoi est-on ici. Même si je peste contre le futur rhume que j'aurais, j'aime ta présence et je la savoure. Parfois je me perds dans les méandres même de mes sentiments pour toi et de mes envies... Je sers un peu plus fort mes bras autour de moi comme un rempart protecteur à ce qui se passe dehors et à mes ressentis.

« Tu as froid. » Constates-tu, parce que ce n'est pas une question. Et je suis censé répondre à cette phrase ou non? J'opte pour le silence, qui m'empêchera de dire une ânerie ou de dévoiler un truc. Et puis là, entre nous, tu te rends compte que ce n'est pas une conversation qu'on a?

« Tu sais, je t'ai remarqué bien avant de t'aborder en réalité. » Avoues-tu après quelques secondes. « Je t'observais depuis quelques semaines en fait, j'avais constaté que tu venais souvent. Mais, tu vas sûrement trouver cela amusant toi qui prétends que je n'ai peur de rien, mais tu m'effrayais à l'époque... »

« Moi? Je n'ai rien d'effrayant. Tu ne m'as toujours pas dit pourquoi tu voulais me voir... » Je rétorque, cherchant le sens de ton bavardage.

« J'hésitais tout en me disant que je perdrais plus à ne pas tenter ma chance. Alors, j'ai pris mon courage à deux mains et le premier prétexte pour aller te parler. C'est juste que te dévisager de loin me frustrais de trop, je voulais un peu plus... Mais je n'ai jamais su ce que je pouvais attendre de toi, tu transpirais tellement la pureté et l'innocence, la timidité et la simplicité. Entre nous, c'est toujours le cas et j'aime aussi cette partie là de toi... »

« Euh, et tu veux en venir où là? » Je t'interromps en plein milieu. Je ne reçois comme réponse qu'un coup d'œil rapide et puis tu te tournes complètement vers moi et tes yeux s'accrochent aux miens. Tu t'approches un peu plus près avec un étrange sourire.

« Il y a plein d'autres choses qui me plaisent en toi et qui me fascinent. » Continues-tu. « J'ai accepté ce que tu voulais bien me donner, mais tu sais, ce n'est plus suffisant... »

« Et si tu me disais ce que tu désirais me dire en me téléphonant ? » J'essaye de changer de sujet, de revenir sur un terrain neutre et moins gênant pour moi.

« Un baiser. » Murmures-tu en te rapprochant encore un peu plus, entrant par-là même dans mon espace vitale.

« Un bai.... de quoi ? Tu plaisantes... » Je bégaie. Mais toi, tu gardes ton sourire tendre et tu refuses de me laisser détourner les yeux. Je ne sais plus quoi penser. Es-tu sérieux ou pas ? Si c'est une moquerie, je t'avoue que je l'apprécie peu parce que mes sentiments pour toi sont sincères et profonds. Aurais-tu compris que je t'aime ? Mais je te vois mal jouer avec les sentiments de quelqu'un, du moins pas quelqu'un que tu apprécies... Pourquoi est-ce que je doute de toi alors? Parce que j'ai peur que tu répondes à mes sentiments ou juste parce que cela me semble trop beau, trop irréaliste? Après tout, toi qui peut avoir n'importe quoi, toi qu'on remarque, aurait eu envie de quelqu'un d'aussi invisible que moi? Cela me semble juste trop inhabituel... Mais après tout, tu es bien venu à moi pour qu'on soit ami alors... Le silence a duré quelques minutes, nos regards toujours accroché l'un à l'autre, et mes joues légèrement rouges, mais je ne m'en rends pas vraiment compte en réalité. La surprise surpasse tout le reste.

« Puis-je t'embrasser? » Murmures-tu trop près de moi, puisque je peux sentir ton souffle chaud sur mes lèvres glacées. J'écarquille un peu plus les yeux quand tu frôles ma bouche, avant de déposer un chaste baiser sur mes lèvres. Je reste sans bouger quand tu t'éloignes de moi lentement. J'ignore ce qui vient de se passer, là... Par contre la sensation d'humidité et de froid à disparu pour laisser place à la chaleur qui irradie dans tout mon corps.

« Euh ... je ... en fait... » Je ne formule rien comme phrase, en même temps mon cerveau est totalement déconnecté. Je n'arrive même plus à penser... Comment fais-tu pour me manipuler à ce point-là ?

« Ce que je voulais te dire en pouvant te regarder c'est que je t'aime... Au départ tu m'attirais, mais te côtoyer et apprendre à te connaitre à transformer cela en quelque chose de plus profond et de plus fort... J'en ai assez d'être juste amical, parce que tu vois moi je veux plus venant de toi... Et vu certains de tes regards, je sais que tu partages ce désir, n'est-ce pas ? Si j'avais eu un doute, je te jure que jamais je n'aurais risqué notre amitié en t'avouant mes sentiments... Parce que tu es ce que j'ai de plus précieux. » Continues-tu après avoir posé une de tes mains tièdes sur ma joue. Je ne te réponds pas, toujours dans le flou complet mais peu à peu ce que tu dis fait écho en moi. Alors tu savais que je t'aimais. Mais depuis quand ? J'ignorais être un livre ouvert pour toi... Mais c'est mieux ainsi non ? Je hoche simplement de la tête.

« Je.... » Mais je m'arrête directement. J'ai encore peur de me livrer totalement.

« Je t'aime... Et puis-je à nouveau t'embrasser ? » Demandes-tu, ta main glissant dans mon cou alors que tu m'approches encore plus de toi.

J'anticipe en fermant les yeux. Nos lèvres entrent en contact mais cette fois je te rends ton baiser timidement. J'ai l'impression que tu souris contre mes lèvres. Notre tendre échange se poursuit un peu plus longtemps que le premier et me réchauffe encore un peu plus. J'oublie la pluie, et le froid... Finalement c'était une bonne idée ce rendez-vous!

« Je t'aime » Susurres-tu contre mes lèvres. Je souris et ouvre lentement les yeux.

« Moi aussi... Je t'aime... » Je murmure très bas collé à toi.

Nous restons sans parler ni bouger, simplement dans les bras l'un de l'autre. C'est agréable et pour la première fois j'oublie la pluie et tout ce qu'elle a de triste. Tu ne t'éloignes pas de moi, tu me serres même un peu plus contre toi. J'aime la chaleur que notre étreinte me procure et la sensation que nous sommes seuls au monde. Finalement, tout le reste ne compte plus. Il n'y a plus que toi et moi, et notre amour enfin avoué... Je ne sens plus la pluie, je n'ai plus froid. Je me détache un peu de toi, pour te regarder et t'offrir un sourire amoureux, auquel tu réponds.

« Pour finir, je crois que je vais aimer la pluie... »
Je déclare sans te lâcher du regard.

-J'ouvre les yeux, je me retrouve dans mon lit les draps humides. Encore ce maudit rêve. Toujours lui qui m'obsède malgré la distance qui nous sépare et chaque fois que je l'aperçois, les rares fois que je l'aperçois, ma blessure se rouvre alors que je croyais en être guéri.

POEMES

Premier émoi

Age pure, innocence juvénile d'arrogance,
Créché du haut de nos douze ans
Une volée, je t'ai mis à toi le coq hardi
Qui me disputais la hiérarchie, la bande.
Je pris le pouvoir par la force, la violence.

J'imposais ma suprématie, le racket,
La peur, les combats sanglants, les écorchures,
Rien ne m'effrayait, je devenais une ordure.
La colère en moi bouillonnait en excès.

D'enfant maltraité je devenais maltraitant.

De sévices subits, coups, insultes je rendais.

Mon agressivité intérieur, dément j'étais.

Nul ne vit l'enfer autour de moi développant.

Toi mon adversaire vaincu tu as vu

Dans quelle chimère, bataille, d'avance perdue

Comme un noyé sur le point de sombrer

Je me débattais, cherchant où me raccrocher.

Moi ! Le poney sauvage, le loup solitaire,

Sur cette île paradisiaque, laissé à lui-même,

Tu as su m'approcher, me dompter, câliner.

D'animal sauvage en garçon sage tu m'as changé.

D'ennemi en ami tu as su me transformer,

Puis à l'abri de ta chambre, havre de paix,

Mutuellement nos corps nous avons découvert,

Haletant et tremblant, n'osant nous toucher.

Tu as pris l'initiative, me faisant gémir,

Explorant mon corps, éveillant le désir,

Baisant mes lèvres, nos regards soudés,

Mon premier baiser tu me l'as donné.

Mon émoi visible tu t'es emparé,

Quelle merveilleuse caresse tu m'as prodigué,

Quand dans ta bouche je me suis épanché,

En criant ton nom je me suis déversé.

Pour une fois quelqu'un m'aimait, ce fut toi !

A mon tour je te rendis la caresse maladroite.

A mon tour j'ai bu ta liqueur jaillissante.

Sortie d'un volcan en feu, te regardant.

Tous deux réuni, sur cette île bien nommée,

Tu m'as fais découvrir un amour inconnu.

Le destin nous sépara, brisant notre aventure,

Comme des jumeaux nous nous sentîmes déchiré.

Jean ! Mon copain, mon ami, mon intime,

En mon cœur je te garde pour la vie.

Lorsque tout va mal je repense à nous deux,

Alors, l'enfant sauvage redevient heureux.

Qui suis-je ?

Monstre ? Malade ? Bizarre ou perversion ?

Qu'ai-je de différent aux autres garçons ?

Perpétuellement assiégé par une horde de péronnelles,

Je ne vois que mon copain de maternelle.

Souffrant d'un amour grandissant,

Pour cet ami, jamais rien de blessant.

Par peur, pour toujours, de le perdre,

Je cèlerai mon honteux secret.

A l'abri dans mon alcôve discrète,

Son doux nom, mes lèvres confessent.

Je cherche l'ivresse dans les bras des filles,

Trop contentes de capturer dans leurs griffes,

Le mâle populaire, l'imprenable citadelle,

Deux années durant, leur tenant tête.

Je rendis les armes comme une vielle chandelle

Abaissant ma garde, soumis, conquis, c'est la fête.

Baisers, caresses, amour… Je me défoule,

Pour Elles je suis un amant qui roucoule.

De soirées en sauteries, de fêtes en orgies,

Entrainé dans leurs valses, leur tsunami.

Comme un chien en laisse, je me fais mener

Afin de pouvoir, dans la normalité, rentrer.

Amies, maitresses, que de noms pour ces harpies,

Ordonner, décréter, exiger, elles crient.

De filles en filles, de garces en garces, l'ange déchu

Un objet sexuel, entre leurs mains, est devenu.

Mais quand je retrouve les yeux de mon amour,

Me tendre la main, venir à mon secours.

Apprendre de sa bouche son penchant de toujours,

Par un doux baiser me déclarer son amour.

Je fonds dans ses bras, heureux et en joie

Laissant à toutes ces femmes leurs émois.

Naufragé, je l'agrippe comme une bouée,

Jusqu'à son oasis, me laissant emporter.

Sachant que désormais, fini les compromis,

Oui ! Je suis gay ! J'ai retrouvé mon ami.

Dany

Impatient, la fin des cours, je guettai.

De toi assoiffée, mon âme réclamait.

Le soleil de ton sourire me réchauffait.

La douceur de tes doigts m'affolait.

Le parfum de ta peau m'enivrait.

Les lacs de tes yeux me noyaient.

Pour toi, je me grandissais, un « homme » j'étais !

Pour toi, du haut de mes seize ans, au « dur » je jouais !

Pour toi, provocations et railleries j'affrontais !

Pour toi, honneur et dignité par mes poings je vengeai !

Pour toi, ma vie était devenue bosses et plaies !

Pour moi, mon « poil de carotte » ton admiration j'avais !

Après lycée, mercredi midi, j'ai su.

Me croyant un homme, un affranchi, un dur,

Dans ce grenier, adolescent je suis redevenu.

Juvénile arrogance ! Timidité revenue !

Bégayant, maladroit, tes lèvres m'ont rendu.

Cœur chaud, âme troublée, ton baisé j'ai répondu.

Tes mains, mon corps, a dénudées…

Ta langue, ma peau, a goutée…

Tes caresses, ma bouche a réclamée…

Mon corps, ignoré, tu m'as dévoilé…

De plaisir tu m'a fais crier,

L'amour tu m'as révélé.

Plus femme que garçon je me suis sentis.

Devenir ton amant, j'ai consenti.

Tes assauts amoureux j'ai accueilli.

En moi ton hommage j'ai recueilli.

Aimant, gémissant comme une fille.

De sueur trempée, mon corps humide.

Sur ton bassin chevauchant,

Mes mains, ton torse, caressant,

En moi ta virilité venant,

Avec toi j'ai joui en criant,

Ma sève, sur ton ventre, s'éjectant,

Avec délectation, ta liqueur, léchant.

Juillet enfin, ensemble durant un mois.

Promenade, baignade, je profite de toi.

Câlins romantiques, les dunes sont complices.

Verdoyante liberté, nature protectrice,

Notre amour caché au sein de ton écrin.

Miettes de bonheur volées à notre destin.

Pressentiment ? Chaque instant nous profitons.

Chaque baiser, chaque caresse nous dégustons.

De nos âmes et corps nous nous enivrons.

Insouciance enfantine et angoisse nous ressentons,

Au-delà des mots nous nous comprenons.

Cauchemar ? Rêve merveilleux ? Nous sombrons.

Rentrée scolaire, fin de ton absence.

Envolé ma tristesse des fins de vacances.

Tu n'es toujours pas là, je deviens fou.

Je m'étiole, je dépéri, je meure, tu es où ?

Tu n'es point à notre rendez-vous.

Ton domicile est clos de partout.

Tétanisé, je suis, en pleine cour.

Ta disparition annoncée, me secoue.

Vie brisée au bord de l'autoroute,

Par un chauffard faisant la course.

Ne pouvant, en public, crier mon amour.

Je ne puis laisser éclater mon courroux.

Jour sombre, noir destin sans avenir.

Seul au monde, assis sur ta dalle de granite,

Dans ce cimetière, je laisse enfin éclater ma haine.

Je hurle de folie, je cri ton nom, je t'aime.

Dans les bourrasques glaciales de cette tempête.

Je suis trempé, je n'ai plus rien en tête.

Est-ce la pluie ou l'abondance des larmes ?

Tard dans la nuit, j'ai abandonné mon âme.

Même la raclée qui m'attend à la maison,

Ne peut me résoudre, te laisser à l'abandon.

Mort, vidé de substance, sur ta tombe allongé,

J'attends ton pardon, tel un chien délaissé.

Chaque année, seul dans la nuit,

Par respect à ta famille, à tes amis,

En souvenir de notre amour interdit,

Discrètement ton repos éternel, je fleuri,

Un mausolée en mon cœur j'ai construit,

DANY, mon amour, ma folie, je te garde à vie.

LE GUERRIER

Dans sa couche nous serons, pour toujours devenu,

D'étranger en compagnons, dans ses bras soutenu...

Le guerrier fatigué, las des combats,

Tel un demi dieu, la pais aspira...

Lové en son nid, le fœtus en son sein,

L'amour en calice, donne aux siens...

Le conquérant épuisé, dans les bras de son amant,

Le repos du guerrier, à bien mérité finalement...

L'AMOUR

Chaque matin, durant les dix dernières années :

M… se lève à six heures et ouvre les rideaux. Cela réveille L…… qui traine les pieds à la cuisine et fait deux bols de céréale, un pour lui et un pour son compagnon. M.... marche en arrière de son ami et touche ses épaules en passant. Ils s'assoient en silence et prennent leur petit déjeuné. Ils sont heureux.

J'aimerais dire que je comprends l'amour, mais cela serait un mensonge. La langue c'est l'expression mais ce n'est pas la compréhension. L'amour n'est pas qu'un mot. L'amour c'est des milliers de mots, des milliers d'actions et des milliers de sentiments.

L'amour est différent pour tout le monde mais est commun universellement. L'amour c'est une tasse de café, un geste de tendresse chaque matin pendant vingt, trente, cinquante ans. L'amour est une allure, un frôlement, un regard, un sourire, une odeur. L'amour c'est faire pour quelqu'un d'autre, donner a l'autre. L'amour est s'ouvrir soi même.

L.... et M...., c'est ca l'amour.

Orgie nocturne

Frémissant de plaisir exacerbé

Par cette nuit d'intense orgie, je fus exténué,

Je me laissai faire par cette langue experte

Lécher mon corps inerte.

Puis n'y tenant plus et ravis

A mon tour le plaisir donnant

Avec ma bouche sur ton vif.

Ton liquide séminal s'éjectant

Par ma langue gourmande fut accueillit

Pour le déglutir goulûment

Au fond de ma gorge, ta laiteuse semence

Amer et salée, fut ma récompense.

Recueillant la sueur de nos ébats de cette première nuit

Sur le corps mi-blanc mi-ocre de mon nouvel ami,

Sur ses lèvres se dessine le mot « RESTE »,

Sous les lampions de la voute céleste.

J'espère de tout mon corps repu

Que mon amant à la blonde chevelure

Me chevauchera pour des équipées sauvages

M'emmenant sur les plus gros nuages

Du plaisir et de l'extase

Pour des nuits à venir

Aussi fortes que celle-ci.

Je te suivrai vers d'autres nuits

Aussi sauvages que celle-ci.

RUPTURE !

En ce soir d'automne, noires mes pensées,

Vidé de substances, loin de l'être aimé,

Comme une fleur fanée,

Je m'étiole au crépuscule de cet été,

Dans cette coquille vide qui m'a bien servie.

―――――

De ses caresses parcourant mon corps

Mamelons, moite intimité, vallon fessier,

Ses mains expertes m'ont fait gémir,

Et de mes lèvres mes cris s'extirpent

Frémissant de nos corps à corps.

―――――

Mes yeux baignés d'une brume salée,

Vite étouffé, monte un hoquet,

N'ayant plus de larmes à offrir en sacrifice,

A l'ombre adoré, sur l'autel du souvenir.

Mon cœur se meurt dans ma poitrine.

―――――

Mon âme errant dans les limbes du purgatoire,

Me noyant aux souvenirs douloureux de ma passion,

Perdu dans les méandres amoureux de mon histoire

J'hurle de rage silencieuse envers mon amour haï.

Mon bien-aimé m'a blessé, meurtri, trahi.

―――――

Je suis las de me larmoyer

Alors qu'il est encore dans mon esprit.

Toutes ses photos : je jette au bucher,

Tant les effluves de sa chair, je sentis.

Ce soir je le crie, C'EST FINI !

Ô mon amour d'été.

SAISONS

Mon fils, joie est la vie…

Amour est la vie…

Car chaque saison …

Apporte sa passion…

―――――

Comme un poisson…

Ou un pinson…

Pour un moment…

La cour au printemps…

―――――

Couché dans les blés…

Se faisant caresser…

Nu et bronzé…

Au soleil de l'été…

―――――

Commence les récoltes…

Range les foins…

Tombent dans les sous-bois…

Les feuilles d'automne…

―――――

La forêt enneigée…

L'animal hiberné…

Le végétal endormi…

L'hiver est joli…

―――――

Voici les quatre saisons…

A chacune leurs raisons…

Après les moissons…

Vient la résurrection…

Amour Impossible.

Dés que je t'ai vu, tout de suite j'ai su !

D'un seul regard d'azur, mon cœur tu as tenu.

Par un simple sourire ensoleillé,

Pieds et mains liés, je me suis livré.,

———————

Caressant, de ma main, ta toison d'or bouclée

Tes lèvres enflammées, j'ai voulu butiner.

Convoitant ton sein généreux, comme un enfant,

Désireux laper ta virginale laitance.

———————

Fantasme d'explorateur intrépide.

Aventurier découvrant l'Eldorado,

Ton mont-de-Vénus, censure stupide,

Tu m'imposas lourd et terrible fardeaux.

———

Le creux de tes reins, le galbe de tes fesses,

Les courbes de tes hanches, affolent mes sens.

Tes cuisses dorées, le dessin de tes mollets,

Même tes jolis pieds me rendent concupiscent.

———

Pauvre hère assoiffé suis-je devenu,

Ayant tenté de mourir dès que j'ai su

La terrible révélation avec déférence,

Les plaisirs saphiques sont ta préférence.

———

Ô ma Cathy, ma chère amie, ma douce folie,

Au lieu de moi, ton aimante tu as choisie.

PARDON.

Belle amie, gentille fille

Que de nuits partagées

Passé à philosopher

Des mystères de la vie.

―――――

Ma sœur, ma mie,

Mon cœur pour toi

N'a pas d'émoi,

Qu'une sympathie.

―――――

D'une escapade

A naviguer

Sur ton voilier

Tu m'initias.

———

Ton ile secrète

Tu me permis

A moi ton ami

La découverte.

———

Cette nuit d'été,

En don, ton amour

En offrande, ton corps,

Ton cœur dévoilé.

———

Imbécile, idiot,

Aveugle benêt,

Je t'ai fait pleurer

Par mon véto.

———

De honte je fuis,

J'ai fais, en mal,

Verser tes larmes,

Mon âme je crie !

———

Toi ! J'ai perdu.

Sincère amie,

Maudite nuit,

Loin de ma vue.

———

Béante blessure,

Par mon ignorance

De tes sentiments,

Je t'ai infligé.

———

Infortune compagne,

Naufragé de l'amour,

Nos destins semblables

Nous jouent des tours.

———

Ô mon amie, ma sœur,

Mon égale, ma confidente,

Perfide cruauté

Du vide non comblé.

———

L'absence de ta présence

Me vide de toute substance.

Chaque jour face à la mer

J'implore ton pardon.

SUICIDE

J'ai mal… Ma gorge me brule. Est-ce cela la mort, avoir mal à ne plus pouvoir parler. Et pourquoi parler quand on est mort ?

J'entends des bruits de pas…, des glissements…, des chocs…. Est-ce cela la mort ?

J'ouvre les yeux. De la lumière m'éblouie…. Je cligne des yeux…, la tête me tourne…. Enfin je distingue d'où vient la lueur qui m'éblouie, d'une fenêtre. Je suis dans une chambre blanche. Je ferme les yeux et je me mets à pleurer. J'ai compris. Je suis à l'hôpital. J'ai raté mon suicide. De toute façon j'ai tout raté dans ma jeune vie. Pourquoi s'étonner alors que je rate cela aussi. Pourtant j'avais tout fait pour réussir à disparaitre, pour ne plus souffrir et ne plus faire souffrir les miens, cette famille bcbg ayant pignon sur rue dans ma ville de naissance, cette famille qui m'a obligé (oh pas eux, mais par ma propre décision) de m'éloigner d'eux pour ne pas salir la réputation familiale. Un PD ! C'est acceptable chez les autres, mais chez soi c'est impensable, c'est incompréhensible, c'est une tare, une honte. Comment continuer à aller à la messe le dimanche si cela se savait. Pourtant j'avais bien tout prévu. J'étais sur la région Parisienne, loin des miens. Je n'ai rien dit à personne. De très bonne heure je me suis enfoncé dans les hautes herbes d'une ligne de chemin de fer désaffecté depuis longtemps. Je n'étais visible de personne. C'était une matinée d'été comme je les aime. Une belle journée pour mourir. Je me suis allongé sur le sol herbeux entre les rails rouillé et en partie disparus, avalé par la nature qui avait reprit possession des lieux. Je regardais le ciel azuré en avalant un par un les barbituriques que j'avais emmené. Je me rappelle que je pleurais malgré tout. J'avais mal, mon âme avait mal et je voulais arrêter ce supplice. Pourtant j'ai toujours aimé la vie. Mais là, je n'en pouvais plus. Je voulais que cela cesse. Je pleurais et je sentais ma vie me quitter doucement. Je me sentais partir... un calme m'envahi et je fermais mes paupières humides d'eau salé qui me coulait sur les joues....

-Alors réveillé ? Pourquoi tu as fais ça ? Qu'est ce qui ta pris ? T'a pensé à nous ? À la famille ?

Je sursaute et rouvre les yeux. Mon frère ainé est à coté de moi. Que fait-il ici ? Une infirmière entre et lui dit que j'aurais des difficultés à parler durant les jours à venir, ils ont dû me faire un lavage d'estomac. Les salops, ils n'y ont pas été de mains mortes, j'ai la gorge en feu. De toute façon ça m'arrange. Quoi leur dire ? Mon frère continu son monologue de reproches.

- Papa m'a envoyé te chercher pour te ramener à la maison. Ca me fait chier, tu me fais chier, tu nous emmerde tous avec tes conneries. Je vais devoir faire 500km plus le retour pour t'emmener en Vendée. Le père me l'a ordonné, alors……

J'ai refermé les yeux. Je ne l'écoute plus. De toute façon il n'y a rien à dire. Quoi leur dire ?

S'ils savaient pourquoi j'ai fait ça, j'entends déjà leurs commentaires : C'est bien fait pour toi, tu l'as cherché comme tout les PD, ne t'étonne pas ça te pendait au nez…. Pourtant j'ai rien fait de mal.

Mes larmes recoulent de nouveaux. Je repense à la veille de mon départ volontaire. Une nausée me submerge, je me penche sur le coté et vomi par terre. Ça me brule. Je tremble de tout mon corps et je pleure de plus belles. Une infirmière arrive et me regarde en me caressant la tête. Je me cache sous les draps je panique à l'idée qu'elle ait compris. Je sanglote de nouveaux. Je ne pensais pas que l'on pouvait pleurer autant. J'ai honte, si honte, tellement honte que je préfère mourir. Je veux oublier. Pourtant ce soir là tout avait bien commencé, j'étais chez ma logeuse et son fils était venu parler comme il le faisait de temps en temps. Puis ce moment qui vire au cauchemar. Moi minet de 58 kg et lui gros porc de 90 kg. Il me pousse brutalement sur le lit et me retourne, me colle la tête dans l'oreiller. Je sens ses mains qui arrachent mon short d'été et mon slip. Je sens, je sais ce qui va m'arriver. Je ne veux pas et j'ai peur. Je cherche à me débattre à ruer. Je sens que cela l'excite encore plus. Je sens son poids m'écraser. Je suffoque. Ses genoux écartent mes jambes, je sens son sexe durci contre mon sphincter. Je ne veux pas avoir mal, je sais ce que c'est que d'avoir mal, de sentir cette brulure, cette déchirure nous pénétrer. J'ai si honte mais je me détend et offre mon cul à ce porc. Je ne peux m'empêcher de hurler de douleur lorsque d'un coup de reins son sexe me déchire les entrailles. Sa main gauche me maintiens la tête dans l'oreiller pour étouffer mes cris et sa main droite passe sous mon ventre et relève mon bassin pour pouvoir me pénétrer plus profondément. J'ai mal, je sanglote dans l'oreiller. Je sens son souffle fétide dans mon cou. Des haut de cœur me saisi, une nausée monte en moi. Je pense que je suis une pute de me détendre comme ca. J'ai trop honte. Enfin il éjacule. Je l'entends me dire de ne rien dire à personne et de toute façon que je ne suis qu'une pute de pédale, qu'un vide couille et qu'une bite de plus ou de moins ne changera rien pour moi. Il part. Je me lève et titube jusqu'à la salle de bain. Je me glisse sous la douche et me lave, me lave encore et toujours. Quand j'émerge de ma torpeur je suis accroupi sous la douche et l'eau est glaciale ou c'est moi qui suis devenu froid d'émotions. J'en ai marre, c'est décidé je veux mourir. Je ne veux plus me faire violer. C'est la troisième fois. Mais celle là ce sera la dernière…..

L'Ange aux yeux bleus.

En ce mois de juin, comme cadeau d'anniversaire,

Mon ange aux cheveux d'or, à moi, tu t'es offerte.

Comme un puceau timide, malgré mes expériences,

Je n'ai pu te toucher sans piaffer d'impatience

N'osant goûter à ton fruit défendu

Intimidé que j'étais par ton regard ingénu.

Ton lit, témoin de notre brûlante passion

Tes draps, empreints de notre fornication

Epuisé, repu de ton corps chaleureux

Ô mon aimante, je m'abandonne, heureux

Au fond de tes yeux je me noie d'amour

Mon cœur amoureux est à toi pour toujours.

Mon cœur explose, des ailes me poussent, ma tête se vide, je suis papa.

Merveilleuse nouvelle, moment magique, jour sacré, je suis papa.

Je saute de joie, je suis un cabri, le monde s'efface, je suis papa.

Les gens me regardent, ils me sourient, je suis bizarre, je suis papa.

Instant bénit, moment de grâce, j'ai une famille : JE SUIS PAPA !

Fruit de nos amours, notre descendance, illuminent ma vie.

Pour toi, pour eux, chaque jour je vais au charbon

Gagner notre pain, construire leur avenir, les voir grandir.

Fatigué, exténué, pour en profiter en rentrant à la maison.

Puis m'occuper enfin de toi, vautrée devant la télé.

Ce matin de septembre, sur la tête, le ciel me tombe.

Anéanti, catastrophé, glacé, une tombe.

Une nuit de travail, une vie de labeur, que de cendres.

Sur ce champ de bataille, dans ces ruines de bonheur,

Errance fantomatique dans la désolation de ma demeure.

A genoux sur le sol, dans mon logis dévasté, je m'effondre.

Combien de temps suis-je resté là ?

Fait il déjà nuit ? Je ne sais pas.

Mes petits, où sont-ils ? Pleurent-ils ?

Ont-ils mangé ? Me réclament-ils ?

Je sors, l'obscurité m'entoure, il pleut.

Je marche, je cherche, je désespère, je les veux !

Divorce, guerre, insultes, mensonges.

Vautours s'arrachant les lambeaux du passé.

Maison des violeurs, visites surveillées.

Quatre heures par mois, syndrome Outreau.

Mes anges blessés, dommages collatéraux.

Amaigri, squelettique, j'ai un pied dans la fosse.

Printemps, renaissance, LA VERITE a éclaté !

Enfin me reviennent, mes chers angelots.

Justice rendue, Honneur retrouvé.

Que de souffrances subies en un instant oubliées.

Douloureux souvenirs de ma chère Aimée,

Une égérie démoniaque, une muse empoisonnée.

Sommaire

Cœur d'artichaut 5
SOURIRE 9
RÊVERIE. 11
POEMES 24
Premier émoi 24
Qui suis-je ? 29
Dany 33
LE GUERRIER 40
L'AMOUR 41
Orgie nocturne 43
RUPTURE ! 46
SAISONS 49
Amour Impossible. 51
PARDON. 53
SUICIDE 58
L'Ange aux yeux bleus. 63